JULES SAURIN

LA

CONSTITUTION DE LA PROPRIÉTÉ

ET LES

CONTRATS DE CULTURE INDIGÈNES

EN TUNISIE

BERGER-LEVRAULT ET Cⁱᵉ, ÉDITEURS

PARIS | NANCY

5, RUE DES BEAUX-ARTS | 18, RUE DES GLACIS

1897

LA

CONSTITUTION DE LA PROPRIÉTÉ

ET LES

CONTRATS DE CULTURE INDIGÈNES

EN TUNISIE

NANCY, IMPRIMERIE BERGER-LEVRAULT ET Cie.

JULES SAURIN

LA
CONSTITUTION DE LA PROPRIÉTÉ

ET LES

CONTRATS DE CULTURE INDIGÈNES

EN TUNISIE

BERGER-LEVRAULT ET Cie, ÉDITEURS

PARIS | NANCY

5, RUE DES BEAUX-ARTS | 18, RUE DES GLACIS

1897

CONSTITUTION

DE LA PROPRIÉTÉ

———

Les Français n'ont pas trouvé en Tunisie ces espaces immenses à peine parcourus par de rares tribus nomades que l'immigration a rencontrés en Amérique et en Australie. Tout le sol cultivable était occupé par une population qui avait ses villes et sa civilisation. Les indigènes étaient très nombreux dans certaines régions où ils avaient transformé le pays par leur travail; dans le Sahel de Sousse, par exemple, on comptait plus de 200 habitants au kilomètre carré. La terre vague livrée au premier occupant n'existait que dans le sud, là où la rareté des pluies rend toute culture impossible. Partout ailleurs le sol appartenait à un propriétaire, qui gardait ses limites avec un soin jaloux.

LA PROPRIÉTÉ A L'ÉPOQUE ROMAINE

Les invasions arabes du VIIe et XIe siècle avaient déjà trouvé un sol couvert de bornes et fortement approprié suivant les principes du droit romain ; aussi est-il nécessaire de rechercher quel était l'état de la propriété à l'époque romaine. Il semble en effet que les Arabes n'ont pas bouleversé la constitution de la propriété de la province d'Afrique, et qu'ils ont suivi les traditions romaines, si nous en jugeons par certains usages qui se sont maintenus jusqu'à nos jours.

L'Afrique romaine était divisée en d'immenses domaines. Néron, nous dit Pline l'Ancien, fit tuer les six propriétaires qui possédaient la moitié de la province et confisqua leurs biens. Plus tard, Frontin nous montre des particuliers possédant des territoires aussi étendus que ceux des cités ; ces territoires portent le nom latin de *saltus*. Sur le saltus habite un peuple de cultivateurs (*non exiguus populus plebeius*). Autour de la villa du grand propriétaire il y a de véritables villages.

Les inscriptions nous font connaître un certain nombre de saltus : celle de Souk-el-Khemis, se rapportant au saltus Burunitanus, nous donne les détails les plus précis. Le domaine qui appartenait à l'empereur était loué pour cinq ans à des fermiers généraux qui en exploitaient une partie directement et qui louaient le reste à des cultivateurs. En dehors du prix de location, le petit cultivateur devait fournir au *conductor* (fermier de tout le domaine) six journées de travail par an, dont deux au moment des labours, deux pour les sarclages et deux pour les moissons. Le nombre de journées avait été fixé par un rescrit d'Hadrien et le conductor, violant le rescrit impérial, en exigeait un plus grand nombre. Cet usage s'est maintenu dans tout le nord de la Tunisie ; il y a encore de nos jours beaucoup de domaines où les locataires doivent, sous le nom de mahouna, un certain nombre de journées au propriétaire ou au fermier général.

Dans le sud de la province, au milieu des grandes plantations d'oliviers de Thyrdrus (El-Djem), c'était aussi la grande propriété qui dominait. Les Gordiens, qui fournirent des empereurs à Rome, possédaient de grands domaines. Le récit de l'émeute de Thysdrus en 238 nous montre que les propriétaires avaient à leur service un grand nombre de cultivateurs. Ils les font venir de la campagne, les cachent et se mettent à leur tête pour attaquer la demeure du procurator. Nous retrouvons à chaque page du *Corpus* la mention d'un de ces grands propriétaires africains ; les uns élèvent à leurs frais un portique, un mausolée, d'autres construisent un théâtre, un temple ou un aqueduc. Un grand nombre laissent des sommes élevées pour offrir à chaque anniversaire de leur mort un repas (*divisiones*) à tous les membres de la cité. Plus tard, en 329 après J.-C., nous voyons en Afrique des révoltes de serfs. Des bandes de serfs prêchent l'égalité sociale ; ils parcourent le pays, mettent les esclaves en liberté, déchargent de leurs dettes les gens obérés. Ils ont à leur tête Naxido et Fashis, des Libyens comme leur nom l'indique. Il fallut envoyer contre eux une armée pour venir à bout de cette révolte sociale. On peut donc affirmer que l'Africa était divisée en domaines immenses sur lesquels vivait un peuple de cultivateurs, hommes libres ou serfs, mais tous placés sous la dépendance d'un riche propriétaire.

LES MUSULMANS ET LA PROPRIÉTÉ

Tel était le régime de la propriété au moment où les Arabes arrivèrent en Afrique à la fin du VIIe siècle. Ils vinrent en petit nombre au VIIe siècle, ils furent plus nombreux au XIe lors des invasions hillaliennes. Ni au VIIe siècle, ni au XIe siècle les Arabes ne semblent avoir modifié la constitution de la propriété. Aucun texte ne signale un partage général du sol entre les envahisseurs. Ils se substituent en plus d'un endroit aux anciens propriétaires. Le plus souvent les tribus se font concéder de grands domaines à titre de Nita (fiefs). Ils imposent à tels propriétaires des impôts, des droits de protection, mais les limites des domaines ne changent pas.

Le droit musulman, en effet, comme le droit romain, reconnaît le droit de propriété privée ; le propriétaire a sur sa chose les mêmes droits que le propriétaire latin. On ne peut s'emparer que des terres inoccupées, des terres mortes ; pour ces terres la propriété appartient à celui qui les vivifie, c'est-à-dire à celui qui les occupe effectivement et les met en culture. Aucune limite n'est imposée au droit du premier occupant, on ne fait que déterminer les conditions de sa prise de possession. Il doit entourer de bornes ou de poteaux l'espace occupé et en mettre en culture certaines parties. Le sol de la province romaine n'était pas terre morte, terre vacante ; partout des bornes étaient plantées dans le sol, partout le sol était cultivé ; il n'y avait donc pas lieu de lui appliquer le principe de la vivification des terres mortes.

Cependant si, en droit, la législation coranique respecte la propriété privée au même titre que la législation romaine, en fait, la volonté du souverain n'a pas toujours tenu compte de ce principe. Le prince musulman est investi du pouvoir le plus absolu sur la vie et les biens de ses sujets ; comment en effet celui qui peut envoyer à la mort sans aucun jugement les plus puissants de ses sujets n'aurait-il pas le droit de leur enlever leurs biens ? Les confiscations de biens sont très fréquentes dans tous les États musulmans. Aussi, un certain nombre de jurisconsultes musulmans soutiennent que la nue propriété de tous les domaines appartient au souverain seul et que les particuliers n'ont qu'un simple droit de jouissance. Un jour, un propriétaire turc, qui venait d'être exproprié par une compagnie de chemin de fer et se plaignait d'avoir reçu une indemnité dérisoire, répondit, alors qu'on l'engageait à se plaindre au sultan : « Comment oserais-je me plaindre de ce que le sultan m'a enlevé une parcelle de ma terre, alors qu'il pourrait me l'enlever tout entière ? »

Ainsi les domaines ont pu changer de maîtres bien souvent sans que leurs limites aient changé. Si on pouvait remonter jusqu'à l'époque romaine, on trouverait probablement que plus d'un grand domaine tunisien a conservé les limites qu'il avait au ve siècle. Le mode de propriété n'a pas eu à subir les changements que les circonstances lui ont imposés dans les régions qui, depuis, ont formé l'Algérie. Ces régions, couvertes de montagnes, formées de compartiments géographiques distincts, n'ont jamais été soumises à une autorité commune, forte et respectée. C'était partout l'anarchie, la guerre de tribu à tribu. Comment, dans de telles conditions, un propriétaire isolé pouvait-il jouir de ses droits ? le groupement s'imposait dans un pays exposé à la violence et soumis à l'autorité du plus fort. La propriété, de privée qu'elle était à l'origine, était devenue collective par la force des choses ; l'individu jouissait de telle ou telle parcelle, mais le droit supérieur appartenait à une collectivité, à la famille le plus souvent, au douar ou à la tribu. On n'y trouvait la propriété privative que dans les régions montagneuses de la Kabylie ou de l'Aurès ou dans les environs des villes.

En Tunisie, la situation a toujours été bien différente : plus de montagnes élevées, plus de compartiments séparés où pouvaient naitre et se développer des groupes indépendants ; un seul pouvoir avait pu imposer le respect. L'autorité du dey ou du bey a toujours été reconnue dans l'ensemble du territoire ; ce n'était qu'aux extrémités de la Régence, dans les régions montagneuses de la Khroumirie ou parmi les tribus remuantes du désert, que cette autorité était parfois contestée et méconnue. Chaque année une colonne beylicale parcourait le pays, obligeait les populations à payer l'impôt et à respecter les décisions du pouvoir central. Le propriétaire n'avait pas à redouter ces guerres perpétuelles de tribu à tribu qui désolaient l'Algérie. La propriété individuelle a donc pu se maintenir telle qu'elle existait à l'époque romaine.

LA PROPRIÉTÉ INDIVISE

Ainsi, la propriété collective du douar et de la tribu n'existe pas dans le nord et dans le centre de la Tunisie ; on ne la retrouve que dans quelques tribus nomades de la région désertique. Cependant, même au nord, de grands domaines sont possédés indivis par plusieurs copropriétaires, membres de la même famille. La loi musulmane ne favorise pas l'indivision, comme on le croit généralement. Elle admet le principe de notre droit civil : nul n'est tenu de rester dans l'indivision. Les cohéritiers ou les copropriétaires indivis peuvent provoquer un partage, mais ce partage n'entraînera pas, comme dans notre procédure, la vente aux enchères. Le juge attribue au demandeur une part du champ indivis ; si l'immeuble ne peut pas se partager, il détermine le montant de l'indemnité qui doit lui être payée, mais tous les autres copropriétaires continuent à rester dans l'indivision. Ainsi, non seulement le partage est autorisé par la loi, mais il est plus facile à réaliser que dans notre droit français.

Pourquoi donc y a-t-il tant de domaines indivis ? C'est l'intérêt seul des parties qui maintient l'indivision. Là où les parties n'ont aucun intérêt à maintenir l'indivision, elle disparait aussitôt. C'est ainsi que les cohéritiers partagent aussitôt le sol dans les plaines de la Medjerda, où le propriétaire cultive son champ. De même, dans le Sahel de Sousse, ou à Sfax, les olivettes sont généralement partagées entre les cohéritiers à la mort du propriétaire. Pour les grands domaines les parties ont intérêt à demeurer dans l'indivision. Ces henchirs [1], de 1,000 à 5,000 hectares, sont loués pour trois ans à un seul fermier; le plus souvent les propriétaires habitent Tunis. Si chacun des ayants droit avait sa part distincte, il devrait s'occuper de la location, avoir un agent sur les lieux, veiller au paiement du fermage. Qu'il reste dans l'indivision et il n'aura plus qu'à toucher, à la fin de l'année, le montant de sa part. Il n'est pas rare de trouver des henchirs appartenant à 30 ou 40 propriétaires indivis qui comprennent deux générations de la même famille. En général les ayants droit sont beaucoup moins nombreux qu'en Algérie; la liste des ventes faites par le tribunal français depuis 1885 fait mention d'ayants droit pour un vingt-quatrième et un trente-sixième. Mais jamais on n'entend parler d'ayants droit pour un millième ou un dix-millième, comme cela arrive souvent en Algérie. En général les domaines appartiennent à un seul propriétaire ou à cinq ou six au plus.

L'indivision est de règle pour les habouss privés. Le habouss privé est constitué par la donation de la nue propriété à un établissement religieux et la dévolution de la jouissance aux descendants de la personne qui établit ce habouss. Ce n'est qu'à l'extinction des héritiers que la jouissance appartiendra à l'institution bénéficiaire qui possède déjà la nue propriété. Les descendants pouvant se multiplier à l'infini, le nombre des ayants droit suit la même progression. On rencontre quelques habouss privés possédés en commun par 100 ou 200 ayants droit; dans des tribus du sud tunisien on compte plus de 1,000 ayants droit; la tribu possède ses terres de parcours à titre de habouss privé.

---

1. Le mot arabe *henchir,* qui signifie ruine, désigne en Tunisie les grands domaines cultivés.

LES TROIS RÉGIONS AU POINT DE VUE DE LA RÉPARTITION DU SOL

En résumé, le territoire de la Tunisie, partout où le sol a quelque valeur, est soumis au régime de la propriété privative ; partout des bornes et des limites sont établies entre les divers domaines, partout un homme peut dire : « Cette terre est à moi. » L'indivision que l'on rencontre souvent ne provient ni des institutions, ni des lois ; elle a pour cause uuique l'intérêt qu'ont les parties à la maintenir. Mais les domaines ont une étendue fort inégale suivant les régions ; cette diversité correspond d'une façon manifeste à la diversité des climats. Au point de vue de la constitution de la propriété, comme au point de vue agricole, on peut diviser la Régence en trois grandes régions : celle du nord, celle du centre et celle du sud. Dans cette dernière, le sol n'a été l'objet d'appropriation que dans les endroits où l'on rencontre de l'eau ; partout ailleurs le sol n'a qu'une faible valeur et reste souvent sans propriétaire. Dans les deux premières régions, il n'y a pas une parcelle de terrain qui ne soit nettement appropriée : c'est le grand domaine qui occupe la plus grande étendue, mais partout la petite propriété a entamé le vaste henchir ; elle forme des ilots plus ou moins importants. On ne connaît pas toujours les origines de ce travail, mais on peut en apercevoir nettement les causes et les résultats.

LA RÉGION SEPTENTRIONALE.

La grande propriété. — Cette région reçoit des pluies régulières, la culture des céréales y donne des rendements rémunérateurs ; elle comprend le bassin de la Medjerda, de l'Oued-Miliane et la presqu'île du cap Bon. Les henchirs y dépassent rarement une étendue de 2,000 à 3,000 hectares de terres labourables, la plupart en ont environ 200 à 300. Il importe en effet de distinguer nettement les terres cultivables de la superficie totale du domaine. Tel henchir d'une superficie de 4,000 à 5,000 hectares renferme à peine 1,000 hectares de terres labourables, soit 100 mechias[1]. Les cultivateurs indigènes font toujours cette distinction qui est mise au second plan par les colons européens au moment où ils arrivent dans le pays. Là où il y a des broussailles ou des landes et pâtis inutilisables pour la culture, la superficie totale des domaines augmente dans des proportions extraordinaires.

On ne connait que cinq à six henchirs renfermant plus de 3,000 hectares de terres en culture : ce sont la Merdja de Khérédine à Souk-el-Khmis, le habouss Tsala et l'henchir Kholdjan et Blidah, dans le contrôle de Bizerte, le Krib et Gaffour, dans celui de Teboursouk. Les domaines où l'on cultive chaque année 200 à 300 hectares occupent la plus grande partie du territoire des régions bien cultivées. Un certain nombre de ces domaines se sont formés par le démembrement de grands henchirs. L'exemple le plus frappant que nous connaissions est celui de Teboltech,

---

[1]. On appelle *mechia* l'étendue de terre que peut ensemencer une charrue à l'époque des semailles (octobre à janvier).

situé près de Tebourba. Au commencement de ce siècle, il formait un seul domaine de 3,000 hectares ; un premier partage le divisa en quatre propriétés de 800 hectares. Deux d'entre elles ont ensuite donné naissance, l'une à trois henchirs de 250 hectares, l'autre à trois propriétés de moyenne étendue et à un henchir de 700 hectares. Les contrôles de Béja et de Souk-el-Arba offrent un grand nombre d'exemples de démembrements de ce genre. Ils avaient pour cause la prospérité des indigènes qui s'enrichissaient, de 1800 à 1860, grâce à la culture des céréales. Les terres, encore riches en éléments fertilisants, donnaient de beaux rendements ; le prix de la main-d'œuvre était peu élevé et le commerce français ou italien payait très cher les blés tunisiens.

Les confiscations opérées par les beys ou par les ministres amenaient, au contraire, le remembrement de grands domaines et ont fait parfois passer dans les mains d'un seul propriétaire plusieurs propriétés de moyenne étendue. Les exemples de remembrement sont malheureusement plus nombreux que ceux de démembrement.

L'arbitraire a toujours présidé à l'administration des Musulmans ; tel ministre s'enrichissait aux dépens du Trésor et aussi aux dépens de ses voisins moins puissants que lui. Le palais ou le domaine d'un prince ou d'un ministre était un dangereux voisinage pour les petits propriétaires qui l'entouraient. A Djedeida, un domaine de 3,000 hectares s'était formé de cinq à six henchirs distincts et de nombreux petits champs d'oliviers. Les paysans de ce village disent tous que leurs pères possédaient autrefois telle ou telle olivette qui fut réunie au domaine du khasnadar. Aujourd'hui, il n'y existe plus que trois petits propriétaires dont les pères ont pu échapper à la rapacité du puissant ministre. Près de Teboursouk, l'henchir Gaffour, d'une

étendue de 50,000 hectares, formait autrefois neuf domaines appartenant à des maîtres différents. Ce domaine
immense avait été constitué peu à peu par Mustapha-ben-
Ismaïl. Le grand domaine de Gorombalia, d'une étendue
de 3,000 hectares, formait, il y a trente ans, cinq henchirs
séparés dont le nom et les limites existent encore. Nous
pourrions citer plus de vingt exemples de remembrements
de grands domaines opérés par des confiscations arbitraires.

La moyenne et la petite propriété. — Le même mouvement qui amenait le démembrement des grands domaines
créait dans les régions à céréales de petites propriétés de
30 à 60 hectares, cultivées par les propriétaires eux-mêmes.
Les colons indigènes, enrichis par la céréale, achetaient
quelques mechias à un prix très bas : 400 à 500 fr. la mechia.
A Souk-el-Arba, les propriétés de cette étendue occupent
presque tout le territoire du contrôle ; aux environs du Kef,
elles comprennent 50,000 hectares ; à Béja, elles sont très
nombreuses. On en trouve aussi beaucoup dans la région
de Bizerte, et tout le long de la Medjerda. C'est la petite
propriété telle qu'elle existe en France. Un grand homme
d'État tunisien, Khérédine, avait essayé, de 1874 à 1879,
de constituer ces petits domaines sur les terres de l'État
situées au Fahs. Il faisait vendre aux indigènes la mechia
de 14 à 18 hectares moyennant une rente annuelle de 21 fr.
Cent cinquante familles ont ainsi acquis 24,000 hectares.
En ce moment, l'État tunisien fait une tentative analogue
dans le Goubelat.

La culture des céréales, très rémunératrice pendant un
demi-siècle, a amené ainsi la prise de possession du sol par
le cultivateur indigène sur des espaces considérables ; celle

des légumes et la plantation des oliviers ont créé la petite propriété de 1 à 10 hectares, tout le long du littoral, de Bizerte à Hammamet, et dans les environs du Kef et de Tebourba. Au cap Bon comme à Bizerte, la nappe d'eau est peu profonde, un puits est vite creusé, et l'indigène cultive aussitôt le piment, la tomate et les autres légumes. C'est de cette manière que sont nés les petits jardins de quelques ares qui entourent Bizerte, Hammamet ou Nabeul. Partout où l'on voit suspendus les longs chapelets de poivrons rouges, on est assuré qu'il y a de petits propriétaires. La mesure agraire n'est plus la mechia de 10 à 12 hectares, mais la merdja de 4 ares. Les jardins de deux à trois merdjas sont très fréquents dans tout le cap Bon.

La plantation des oliviers, par mrharsi ou à moitié, contribuait aussi à la création de petites propriétés, mais elle est loin d'avoir eu la même importance que dans le sud de la Tunisie. Les plantations récentes sont rares ; on ne trouve quelques jeunes plantations de vingt-cinq à trente ans qu'autour de Grombalia et de Bizerte. Presque toujours les arbres du nord sont de vieux troncs noueux, couverts de cicatrices et tombant de vétusté.

Partout où la petite propriété s'est développée, les habitations des indigènes, gourbis ou maisons, se sont rapprochées les unes des autres et le pays est très peuplé. Les bords du lac de Bizerte sont couverts de villages ou de maisons isolées qui forment comme une ceinture blanche presque ininterrompue autour des eaux bleues du lac. De Bizerte à Porto-Farina on ne perd jamais de vue les maisons et les villages. Le littoral du cap Bon, de Hammamet à Kelibia, renferme des villages de deux à trois mille habitants se pressant les uns à côté des autres. Même aspect du pays dans les environs immédiats de Tunis, de Tebourba, de Maktar et du Kef. Toutes ces régions ont une population aussi dense que celle du département du Nord ; elles doivent contenir de cent à deux cents habitants au kilomètre carré. Qu'on s'éloigne, au contraire, de ces villages, les murs blancs des petites maisons disparaissent peu à peu ; bientôt on n'aperçoit plus que toutes les heures les points gris formés par les gourbis des indigènes. Si on est altéré, il faut chercher longtemps avant d'apercevoir à l'horizon les deux longs murs blancs qui dominent les puits tunisiens. C'est que la grande propriété de cent à deux cents mechias a succédé au petit champ de trois à quatre merdjas. Les recensements officiels donnent, au nord de la Tunisie, 430,000 habitants ; 250,000 âmes habitent Tunis et les régions où domine la petite propriété, 170,000 à peine occupent les 3,500,000 hectares qui appartiennent à la grande ou à la moyenne propriété. Si nous voulions retrancher de ce dernier chiffre les populations qui cultivent les plaines de Béja et de Souk-el-Arba, découpées en domaines de 40 à 60 hectares et relativement peuplées, il resterait à peine 100,000 habitants pour une surface de 3,000,000 d'hectares. On peut donc affirmer que la plus grande partie de la région septentrionale, où domine la grande propriété, est presque inhabitée.

On le voit, la division du sol en petites propriétés produit en Tunisie, comme dans tous les pays, des résultats merveilleux. Malheureusement, depuis un quart de siècle, ce mouvement s'est arrêté : les petites propriétés ne se forment plus dans le nord de la Tunisie. Elles disparaissent au contraire, pendant que dans le sud elles deviennent chaque jour de plus en plus nombreuses. La disparition de ces petites propriétés peut être constatée dans toute la région septentrionale, à Souk-el-Arba et à Béja, aussi bien qu'à Porto-

Farina et à Hammamet. Les ventes devant les tribunaux, les renseignements recueillis sur les lieux ne laissent aucun doute à cet égard. Dans la vallée de la Medjerda, les moyennes propriétés sont fréquemment hypothéquées en faveur des usuriers, les saisies judiciaires sont fréquentes et il est à craindre que beaucoup d'indigènes, cultivant à cette heure leurs propres champs, ne cèdent la place à des propriétaires étrangers qui exploiteront à l'aide de khammès. Même dans les régions reculées du contrôle de Maktar, aux Ouled-Aoun, l'hypothèque a déjà pénétré, mais elle n'y a pas encore exercé de ravages comme dans la région de Bizerte et du cap Bon. Dans le contrôle du Kef, les petits propriétaires se maintiennent aussi très bien.

A Hammamet, à Nabeul et à Porto-Farina, à Kelibia, la petite propriété disparaît avec rapidité au profit des prêteurs d'argent. A Kelibia, une seule personne a acquis plusieurs petits champs et constitué un grand domaine. Une seule famille possède à Hammamet quatre-vingts petites propriétés de une à treize merdjas.

Quelle est la cause de cette situation ? Il faut faire une large part à l'imprévoyance des indigènes et au taux élevé de leurs emprunts, mais ce sont là des causes secondaires. Les musulmans de Sfax conservent leurs petites propriétés ; le taux de l'intérêt est encore plus élevé à Sfax qu'à Hammamet, et l'esprit de prévoyance n'est pas plus développé dans un pays que dans l'autre. La vérité c'est que les petits propriétaires ne peuvent plus vivre du produit de leurs terres, parce qu'ils appliquent les procédés de la culture extensive là où la culture la plus intensive pourrait seule leur permettre de retirer du sol des produits abondants. A Souk-el-Arba, par exemple, le rendement des céréales est de 4 à 5 hectolitres à l'hectare, il était autrefois de 12 à

14. Le sol est épuisé et on l'ensemence tous les ans en blé et en orge. A Nabeul, la culture maraîchère est faite presque sans engrais. Comment ferait-elle vivre le petit propriétaire ?

En résumé, dans la région du nord il n'y a pas de trace de propriété collective appartenant à la famille, au douar ou à la tribu ; partout le sol est approprié. Sur une étendue approximative de 4,000,000 d'hectares, 700,000 au maximum appartiennent à la moyenne et à la petite propriété ; le grand domaine de 200 à 4,000 hectares occupe tout le reste.

LES RÉGIONS DU CENTRE ET DU SUD

La grande propriété. — Tout autre est la répartition du sol dans le centre et dans le sud de la Tunisie. Partout où il ne tombe plus qu'une hauteur d'eau de 20 à 35 centimètres par an, les henchirs de moyenne étendue disparaissent et font place aux domaines immenses de 10,000, 12,000 et même 50,000 hectares. Déjà, sur le versant de la chaine de montagnes qui va de Zaghouan à Hammamet, nous rencontrons le domaine de l'Oued-Ramel, de 12,000 hectares, et celui de Djedidi (35,000 hectares). La forêt d'oliviers de Sousse est entourée d'une ceinture de vastes henchirs. C'est l'Enfida avec ses 100,000 hectares, Lalla-Aziza avec 50,000, et 8 à 10 autres henchirs de 4,000 à 7,000 hectares. Dans les environs de Sousse, dans les vallées montagneuses situées au nord-ouest de Kairouan, on trouve encore quelques propriétés de 200 à 500 hectares, c'est que dans ces deux régions les pluies sont encore régulières et permettent la culture des céréales.

Mais, au sud de ces deux villes, l'henchir de 200 hectares n'existe plus et la propriété géante règne en maîtresse. El-Haouareb, habouss du collège Sadiki, a 25,000 hectares ; El-Amra, au nord de l'Oued-Fekka, en a 35,000. Le tiers environ des domaines appartient à l'État ou aux habouss. Cherahil, qui est un henchir domanial, a 70,000 hectares, Ouseltia, au nord de Kairouan, en comprend 90,000. Le groupe le plus important est celui des terres sialines qui s'étendent dans un rayon de 70 à 80 kilomètres autour de Sfax ; elles avaient été cédées en 1544, à Salem-Hassan-el-Ansari, dont les descendants vendirent la concession à la famille Siala (1759). La concession devait être renouvelée à l'avènement de chaque bey et Khérédine les reprit en 1871 à la famille Siala et les incorpora au domaine, afin de faciliter le mouvement de plantation d'olivettes qui avait déjà commencé autour de Sfax. Les habouss privés occupent dans le contrôle de Sfax une étendue de 50,000 hectares ; ils offrent un trait commun : ils sont possédés collectivement par les tribus qui les parcourent avec leurs troupeaux. L'henchir Sidi-Meheddeb est possédé par les Meheddbas, celui de Sidi-el-Hadj-Kassem par les Gouassen, et celui de Sidi-bou-Djerboua par les Djaba. Ces domaines sont indivis entre les divers membres de la tribu ; ils y font paître leurs troupeaux et ils en cultivent les cuvettes et les bas-fonds.

A mesure qu'on descend vers le sud les pluies deviennent de moins en moins régulières ; il en tombe encore une hauteur de 15 centimètres par an à Gafsa ; dans les oasis du Djerid il n'en tombe plus que 8 centimètres. Souvent une année s'écoule sans que les habitants voient tomber du ciel une goutte d'eau. Dans ces régions, la terre n'est appropriée que dans les endroits où elle est susceptible de culture, près des puits ou des sources ; le reste du territoire est un sol livré au pâturage des troupeaux. Qui pourrait songer à s'approprier un sol où il pleut tous les deux ans, où la maigre végétation qui y pousse peut à peine nourrir quelques chameaux ?

L'État tunisien soutient que la nue propriété de ces terres vacantes lui appartient et que la jouissance seule revient aux tribus qui les parcourent. Cette question a une certaine importance pour le territoire mal approprié qui s'étend entre Sfax et Gafsa, pour la région des Ksours, partout où il tombe encore 15 à 18 centimètres d'eau par an. Une application de ce principe a été faite récemment sur la frontière tripolitaine, à Kzar-Gardan, où l'on vient de créer un village indigène. Il est difficile de dire par où passe la limite qui sépare les terres appropriées de celles qui ne le sont pas ; on pourrait la déterminer très approximativement par une ligne partant de Gafsa et aboutissant à la Skira, sur le littoral.

La moyenne et la petite propriété. — La moyenne propriété, qui s'est développée dans le nord grâce à la culture des céréales, ne pouvait pas naître dans le centre, ni dans le sud de la Tunisie. Les récoltes des céréales y sont exposées à trop d'aléas. A Kairouan, on compte à peine une bonne récolte tous les trois ans, à Sfax une tous les cinq ans. Les immenses henchirs dont nous venons de parler sont surtout utilisés comme terres de parcours ; l'hiver, le sol se couvre d'une herbe épaisse et très nutritive. Un million de moutons viennent en utiliser une partie et remontent ensuite vers le nord au commencement de l'été. Le pays offre aussi des conditions très favorables à la culture de l'olivier, et c'est par la plantation de cet arbre que la petite propriété s'est développée et se développe encore tous les jours à Sousse comme à Sfax.

Le Sahel tunisien de Kalâa-Kbira à Mehedia est une vaste forêt d'oliviers d'une superficie de 60,000 hectares, occupée par 150,000 habitants. Un nombre infini de petits propriétaires se partagent le sol. Les successions ont amené un tel morcellement du territoire que l'étendue moyenne des champs ne dépasse pas un demi-hectare. A la mort du père, en effet, les fils se partagent immédiatement son olivette et on rencontre rarement ces propriétés indivises, si nombreuses dans le nord. Pour les expropriations amenées par l'établissement de la voie ferrée de Tunis à Sousse, le nombre des propriétaires expropriés était considérable ; sur une longueur d'un kilomètre on comptait en moyenne 35 à 40 propriétaires. La plupart de ces plantations remontent au règne d'Ali-Bey (1759-1782). Quand on traverse cette forêt superbe de Kalaa à El-Djem, on éprouve un sentiment d'admiration pour ces indigènes qui ont su, au prix de tant d'efforts, se mettre à l'abri des sécheresses.

Telle est aussi la répartition du sol dans les environs de Sfax. Là comme à Sousse, la petite propriété est née avec les plantations d'oliviers, mais elle y existe depuis moins longtemps et son développement s'y continue tous les jours. En 1870, la forêt prenait fin à quelques kilomètres de la ville, aujourd'hui elle s'étend à plus de 40 kilomètres dans l'intérieur ; sur le littoral elle s'est avancée encore plus loin, elle semble vouloir rejoindre la forêt du Sahel. Toutes ces plantations ont été constituées grâce au contrat de complant appelé mrharca ; le propriétaire a fourni au cultivateur le terrain et les avances nécessaires ; au bout de huit à dix ans, la moitié du terrain complanté revient en pleine propriété au mrharci, l'autre moitié reste au propriétaire. Les Européens eux-mêmes achètent à l'État de grands espaces pour les complanter en oliviers.

La constitution de la petite propriété est le résultat de l'activité du Sfaxien ; c'est un cultivateur de premier ordre, qui soigne ses oliviers avec amour ; il atténue par des binages répétés les effets de la sécheresse. Aussi ces hommes actifs et industrieux ont-ils su résister jusqu'à ce jour au prêteur d'argent. Les indigènes qui ont hypothéqué leur verger forment une minorité peu importante. Bien rares sont ceux qui ont dû vendre, presque tous conservent leurs beaux oliviers avec un soin jaloux.

Nous retrouvons la même division du sol dans l'île de Djerba, qui est, elle aussi, un verger complanté d'oliviers et d'arbres fruitiers. On aurait, paraît-il, beaucoup de peine à y trouver 10 propriétaires obérés. Comme leurs frères berbères du Mzab, les Djerbiens se distinguent par leurs aptitudes commerciales. Ce sont eux qui exercent dans toute la Tunisie le commerce de détail.

La petite propriété règne en maîtresse dans toutes les oasis de la région saharienne ; l'eau des sources ou des puits y est une richesse inappréciable et on se dispute avec acharnement un petit coin de terre irrigable. De grandes clôtures soigneusement entretenues séparent, les uns des autres, tous les jardins. Un jardin de quelques ares suffit pour faire vivre une famille ; le palmier élève sa tête à une grande hauteur, au-dessous du palmier s'étage un second verger complanté de figuiers et d'oliviers, au pied du figuier on cultive encore des légumes ou de l'orge. Le palmier, qui est la principale ressource, donne, s'il appartient à une bonne variété, 15 à 20 fr. par pied.

La région des Ksours, située entre les chotts et la frontière tripolitaine, est couverte de petites parcelles ; l'altitude

de ses collines (625 mètres), l'abondance relative des eaux
de pluie (20 à 22 centimètres par an), la rattachent plutôt à
la région de Kairouan qu'à celle du Sahara. La population
y est relativement très dense, on y compte environ 50 à
60 habitants au kilomètre carré. Toutes ces hauteurs cal-
caires, coupées par de larges fissures, déversent leurs eaux
dans des bas-fonds. Il serait impossible de cultiver les endroits qui reçoivent uniquement l'eau de la pluie, mais la
culture est rémunératrice dans ceux qui reçoivent par l'é-
coulement l'eau de pluie des hauteurs qui les environnent.
Là on peut planter des arbres, semer des céréales. Comme
la richesse du sol dépend plus des hauteurs qui lui en-
voient l'eau de pluie que du sol lui-même, ces surfaces
d'écoulement ont été appropriées avec le même soin
que les bas-fonds. Il y a de vives contestations pour les
limites. Quelques propriétaires ont détourné les eaux de
hauteurs éloignées de leur bas-fond par des conduites
habilement ménagées dans le flanc de la colline ; ils ont
ainsi enlevé au fond inférieur l'eau de pluie qui lui reve-
nait naturellement. Ce sont des disputes sans fin entre
propriétaires voisins. L'amour du sol est si grand chez
ces populations, qu'en maints endroits elles ont constitué
leurs biens en habouss privé, afin d'exclure les filles du
partage et d'en réserver la possession exclusive aux descendants mâles.

On peut donc diviser la Tunisie en deux grandes régions
au point de vue de la constitution de la propriété. Au nord,
le grand henchir de 200 à 500 hectares de terres labourables, la moyenne propriété de 50 à 60 hectares, le jardin ou
le verger de 1 à 5 hectares. Au sud, la propriété géante de
5,000 à 100,000 hectares occupe presque tout le territoire ;
elle ne disparaît que dans l'extrême sud, où les terres ne

sont plus appropriées. Et partout, dans les oasis, dar
les Ksours, à Sfax comme à Sousse, le petit champ cor
planté d'oliviers a entamé les terres vacantes ou l'immen
henchir.

Le Domaine de l'État et celui des habouss n'échappe
pas à cette loi générale; ils possèdent des propriétés (
moyenne étendue dans la région septentrionale et des hei
chirs très vastes dans le sud. Le Domaine est peu riche (
Tunisie. C'est que les ministres et les princes beylicaux
faisaient toujours accorder la concession de ses plus bear
henchirs. Les cent mille hectares de l'Enfidad, confisqu
aux Oued-Saïd révoltés, lui appartenaient autrefois; ils f.
rent donnés par le bey à Khérédine. L'henchir Iaadia (10,0c
hectares) avait été confisqué pour le même motif; le be
l'avait donné à un de ses ministres. Dans la région septe.
trionale, l'État ne possède plus que des terres couvertes (
broussailles qui étaient sans valeur avant le protectora
Les riches plaines de la Medjerdah, les hauts plateaux d
frichés du Kef et de Teboursouk ne renferment pas tro
henchirs appartenant au domaine. En revanche, il possè(
soixante-dix mille hectares de terres couvertes d'épaiss
broussailles dans la région qui s'étend de Medjez-El-Bab
Zaghouan. Le premier groupe de propriétés domaniales e
situé au Goubelat (20,000 hectares); le second groupe e
celui de Bou-Arada (24,000 hectares); un troisième group
celui du Fahs et de Djebibina, renferme 29,000 hectare
Toutes ces terres ne seront disponibles pour la colonis
tion que le jour où elles auront été défrichées. Au sud,
où la valeur des terres était presque nulle il y a vingt an
le Domaine a conservé des henchirs immenses de 40,0c
à 90,000 hectares; le Domaine fait opérer la reconnaissan
de ses propriétés et en a déjà reconnu 500,000 hectare

De plus, l'État revendique la nue propriété de toutes les terres non appropriées que les tribus parcourent avec leurs troupeaux.

Les habouss (biens de mainmorte) étaient plus respectés que les domaines de l'État. La loi les déclare inaliénables ; cependant les ministres et les personnages influents échangeaient les henchirs habouss les plus riches pour d'autres terres d'une valeur inférieure. Le grand domaine de Grombalia était, il y a trente ans, un habouss du collège Sadiki, le ministre Mustapha-ben-Ismaïl l'avait obtenu par un échange. Mais personne ne pouvait confisquer ouvertement un bien habouss, aussi la Djemaïa (administration des habouss) possède encore de belles terres bien défrichées dans tout le nord de la Régence. Celles situées aux environs de Tunis ont été acquises par des Français moyennant une rente annuelle et perpétuelle appelée enzel. La loi de 1885 a eu recours à ce mode d'aliénation qui respecte les principes du droit musulman. On a exagéré l'importance des biens habouss. La Djemaïa poursuit la reconnaissance de son domaine ; ce travail est achevé dans les contrôles de Tunis, de Bizerte et de Béja, et on peut aujourd'hui se rendre un compte exact de l'étendue de ces biens. Ils ne comprennent pas 150,000 hectares dans la région septentrionale, qui a une superficie totale de 4,000,000 d'hectares. On voit combien étaient éloignés de la vérité ceux qui affirmaient que les habouss occupaient le tiers du territoire.

Dans le sud, les biens habouss occupent une étendue beaucoup plus considérable. El-Haouareb et Saadia, habouss du collège Sadiki, ont une superficie de 40,000 hectares. Dans la région de Kairouan, on compte plusieurs henchirs habouss de 15,000 à 20,000 hectares.

Ainsi, tout le sol de la Tunisie est l'objet de la propriété

privative ; les espaces vacants et sans maitres n'occup[
peut-être pas 2,000,000 d'hectares sur une superficie tot
de 12,000,000, et ces espaces vacants sont des terres d[
le produit annuel n'atteint pas 5 centimes à l'hectare ! Mê[
dans la région saharienne, aux environs des oasis, dans [
bas-fonds, partout où le sol a la moindre valeur, des ho[
mes ont planté des bornes et peuvent dire : « Cette te[
est à moi. »

Les steppes immenses de l'Algérie possédées par la tri[
occupent en Tunisie un espace très restreint. Tout le [
susceptible de culture est divisé en grands domaines pr[
que inhabités. Les trois quarts des indigènes sont instal[
tout le long du littoral sur des terres qu'ils ont divis[
en petites propriétés. L'intérieur semble un pays vide d'[
bitants ; au sud de Kairouan et de Sousse, dès qu'on s'él[
gne des vergers on ne rencontre plus qu'à de longs int[
valles les maisons ou les gourbis. Même dans le nord, o[
tombe pourtant des pluies régulières, on compte à pe[
4 habitants au kilomètre carré. Nos colons peuvent [
acquérir le sol facilement. Ils n'y rencontrent pas [
grandes difficultés au milieu desquelles se débattaient [
colons algériens toutes les fois qu'ils voulaient acquérir u[
parcelle de terre. L'immatriculation foncière établie [
la loi de 1885 permet d'obtenir en quelques mois un ti[
reposant sur le bornage et sur le plan, et désormais à l'a[
de toute contestation. Il ne dépend que de nous d'étab[
dans ces régions à demi solitaires, une population frança[
aussi nombreuse que la population indigène.

LES

CONTRATS DE CULTURE

INDIGÈNES

———

Tout le système de culture indigène convenait à merveille, il y a un demi-siècle, aux conditions économiques et sociales du pays : la population était clairsemée sur des espaces immenses, le cultivateur ne songeait qu'à vivre du produit de ses champs. L'absence complète de sécurité pour les biens, les droits d'exportation, le manque de routes, tout s'opposait à une production considérable. La viande était à un prix très bas : un bœuf valait 30 fr. Comment aurait-on pu songer aux cultures fourragères et à la culture intensive du sol ? Aussi se livrait-on uniquement à la culture des céréales ; les terres restaient en jachère pendant deux ou trois ans, leur prix était peu élevé. Quant au bétail, il se nourrissait sur les terres en repos. L'habitation du cultivateur indigène est une hutte primitive construite avec des pierres et de l'argile et recouverte de chaume ; la charpente du gourbi est formée de quelques perches ; elle vaut 5 à 6 fr. Le mobilier est aussi primitif que la demeure : une natte en alfa, quelques vases de terre pour l'eau ou le lait, deux plats en bois pour le couscouss, tels sont les meubles du gourbi. En quelques heures le gourbi est démoli, la charpente et le mobilier sont placés sur le dos des bêtes de somme et le lendemain un nouveau gourbi peut être reconstruit. Dans les régions du littoral, où l'olivier s'est développé, le gourbi, sans disparaître complètement, est souvent remplacé par une petite maison blanche; les populations se sont fixées définitivement sur le sol.

CONTRATS DE FERMAGE

On comprend pourquoi le cultivateur indigène n'a jamais éprouvé le désir d'affermer les terres à long terme. Le fermier européen, qui établit un assolement régulier et donne de copieuses fumures au sol, exige toujours un bail à long terme. L'indigène ignore l'assolement, il ensemence une partie du sol en céréales et laisse le reste en jachère. Aussi tous les baux de location sont-ils à court terme. Le plus souvent les grands domaines sont loués pour trois ans. Cependant la législation permet la location pour un terme aussi long que le désirent les parties, elle n'interdit les locations de plus de trois ans que pour les biens des mineurs, les habouss publics et privés. Comme ces biens occupent au moins le tiers du territoire, il en résulte qu'une grande partie des domaines ne pourra pas être louée pour plus de trois ans. Rien dans la loi religieuse ne s'oppose à ce qu'on permette, même pour les biens de cette catégorie, les locations à long terme. Jusqu'à ce jour, le propriétaire des henchirs ordinaires n'use pas de la faculté qu'il possède de louer son domaine pour plus de trois ans. Aucun de ses fermiers n'exigeant un long bail, il n'a jamais eu à se

demander s'il ne serait pas avantageux pour lui de louer
sa terre pour une période de six ou de neuf années. Les
bâtiments sont rares sur les domaines tunisiens; aucune
clause des décrets de Khérédine, qui codifia les usages établis, ne prévoit l'entretien des constructions; le propriétaire
doit fournir un puits. Si le puits a besoin de réparations, le
locataire a le droit de les exiger et même de les faire lui-
même. Il pourra se rembourser de ses dépenses sur le prix
du fermage. Les seules améliorations du sol, prévues dans
les décrets, sont les labours de printemps; le propriétaire
doit en rembourser la valeur au locataire qui les laisse
faits à l'expiration de son bail. Aucune restriction n'est faite
au droit du fermier; il peut exporter toutes les pailles et
tous les fourrages qu'il a récoltés; cependant, en Ifrikia (région située au nord de la Medjerda), le locataire ne peut
pas ensemencer la même terre deux années de suite. Dans
la plupart des régions, autour de Tunis notamment, il peut
ensemencer le même sol pendant trois années consécutives.

Le locataire principal exploite rarement toute la terre
qu'il a affermée; il en sous-loue une partie plus ou moins
importante aux cultivateurs qui habitent le domaine ou à
ceux qui y possèdent des khammès. L'unité de l'étendue
affermée est la mechia. On appelle mechia la superficie que
peut ensemencer un laboureur à l'époque des semailles.
Cette étendue varie suivant les régions. Aux environs de
Tunis, la mechia est le terrain sur lequel on ensemence un
caffiz de blé (570 litres), un caffiz d'orge et trois ouibas
(110 litres) de fèves. Dans l'Ifrikia, où l'on peut cultiver le
maïs ou le sorgho, on ajoute à cette superficie deux ou trois
hectares pour ces cultures de printemps. En général, la mechia comprend de dix à douze hectares. Tout cultivateur
qui loue une mechia sur le domaine a droit de faire pâturer

sur les terres laissées en jachères ses bœufs de labour, ses vaches et son troupeau ; sur la plupart des domaines l'exercice de ce droit est gratuit, mais, depuis quelques années, le cultivateur paie un droit d'achaba distinct du prix de location des terres qu'il cultive. Cet usage est pourtant contraire à la législation actuelle. Le décret de Khérédine reconnaît le droit de vaine pâture sur toutes les terres non ensemencées ou non réservées pour la production des fourrages ; en fait, ce droit n'est plus exercé dans toutes les régions où la valeur de la terre a augmenté à la suite de l'installation des colons européens.

ASSOCIATIONS POUR LA CULTURE

Le sol est mis en culture soit par des fellahs libres, soit par des khammès retenus par les liens d'une dette. Jamais un propriétaire indigène n'exploite directement à l'aide de domestiques salariés à l'année ou au mois ; il intervient toujours un contrat d'association entre le propriétaire ou l'agriculteur d'une part, et le cultivateur de l'autre. Le salaire du cultivateur n'est pas déterminé à l'avance, il consiste dans une part plus ou moins grande du produit des récoltes. Ces modes d'associations correspondent aux habitudes de l'indigène ; ils lui laissent une certaine latitude pour la tâche à accomplir et ne l'obligent pas à un travail de tous les instants comme y sont tenus nos journaliers de France. Si la somme de travail fourni est peu élevée, en revanche son prix de revient est très bas. Ainsi s'établit un juste équilibre qui satisfait à la fois l'entrepreneur et l'ouvrier.

Colons indigènes. — Un certain nombre de cultivateurs

possèdent leurs bœufs, leur charrue et les avances nécessaires pour vivre jusqu'à la récolte. Ce sont les plus économes et les plus travailleurs. Ils louent pour leur propre compte une mechia et l'exploitent à leurs risques et périls. Les plus riches s'associent un ou deux khammès, suivant l'importance de leurs avances. Le plus grand nombre de ces fellahs libres ne possèdent pas les ressources nécessaires pour mettre leur mechia en culture ; ils forment alors avec d'autres personnes un contrat d'association. Autour de Tunis et des autres villes, les contrats de ce genre sont fréquents ; les artisans, les petits bourgeois les font avec plaisir, car cela leur permet de se procurer sans dépenses quotidiennes leur pain et leur beurre salé, qui forment la base de leur alimentation. Les modalités de ces associations sont très variées et le décret de Khérédine, qui les règle, prévoit 30 à 40 formes différentes. Le plus souvent le laboureur fournit un bœuf, la moitié de la semence et son travail, l'associé fournit un second bœuf, l'autre moitié de la semence et la terre ; au moment de la récolte, on emploie à frais communs un aide : les produits sont partagés par moitié. D'autres fois, le laboureur ne fournit que son travail, c'est l'associé qui fournit les bœufs de labour, la semence et toutes les avances ; dans ce cas, ce dernier a droit aux deux tiers du grain récolté et le laboureur à un tiers seulement.

Contrat de khammessa. — La plupart des indigènes cultivent les céréales à l'aide de khammès, ou colons au cinquième, comme l'indique le mot arabe de khammès. Ce sont des cultivateurs unis à un agriculteur par les liens d'une dette et par un contrat de culture. Le décret du 13 avril 1874, dû au ministre Khérédine, a codifié les usages établis et réglé d'une façon précise les droits et les obligations des parties.

Un cultivateur dénué de ressources a-t-il besoin d'argent pour se marier, pour payer une dette, il va trouver un indigène plus riche qui lui remet la somme nécessaire et fait avec lui un contrat de khammessa. Désormais il ne pourra quitter son créancier que le jour où il se sera libéré de sa dette. Le maître doit lui fournir une paire de bœufs de labour, une charrue, le terrain, la semence, et les avances nécessaires pour qu'il vive jusqu'à la récolte. Les usages locaux déterminent l'importance de ces avances ; en général, elles comprennent une ouiba (36 litres) de blé et une ouiba d'orge par mois, quelques litres d'huile, une paire de chaussures et un vêtement tous les ans. Le prix de ces avances vient accroître la dette du khammès ; son compte est établi par le maître ou son gérant. Ils sont crus sur parole, à condition que le prêt soit vraisemblable. Si le contrat est fait en vue d'un henchir déterminé, le maître ne peut pas envoyer son khammès dans un autre lieu sans son consentement. Le maître n'est tenu de nourrir son serviteur que durant les labours, la moisson et le dépiquage, s'il autorise le khammès à aller chercher du travail ailleurs. Aussitôt après les labours, le khammès travailleur va louer ses services à la journée ; il va cueillir des olives, piocher les vignes et il prépare ainsi son affranchissement.

A la moisson, l'agriculteur est obligé de fournir à ses frais un journalier à chacun de ses khammès ; dans l'Ifrikia il n'est pas soumis à cette obligation. En fait, il s'y soustrait très souvent, même dans le reste de la Tunisie ; mais, dans ce cas, il paie une petite indemnité au khammès, qui fait travailler sa femme et ses enfants, ce qui allégera encore sa dette. C'est également le maître qui doit entretenir à ses

frais tous les instruments de culture, le petit araire en bois
auquel il faut de temps en temps changer le soc, les liens
en alfa qui servent au transport des gerbes, les pelles et les
fourches en bois, la planche ferrée dont on se sert pour le
dépiquage. Seul, enfin, il doit payer la dîme ou l'impôt dû
à l'État.

Telles sont les obligations du maître ; celles du serviteur
lié par le contrat de khammessa sont aussi très nettement
définies par le décret de Khérédine. Le khammès est tenu
d'accomplir tous les travaux de culture ; il doit ensemencer
le champ, le débarrasser au printemps des mauvaises herbes, en éloigner les moineaux et les sauterelles, moissonner
les céréales avec l'aide du journalier fourni par le maître. Il
est obligé aussi de transporter les gerbes sur l'aire, de les
dépiquer et de vanner le grain. Cependant, s'il y a trop
d'herbes au printemps, le maître doit louer des journaliers
pour aider le khammès, mais celui-ci paiera le cinquième
de cette dépense. Le khammès n'est pas tenu de faire les
labours préparatoires de printemps sans rétribution, s'il ne
les a pas trouvés faits à son entrée sur le domaine. Le décret lui impose l'obligation de construire un gourbi pour
remiser les bêtes de l'exploitation, de creuser les silos
pour les semences et celle d'entourer les meules de paille
d'une haie et de les recouvrir d'argile. En un mot, il est
tenu d'accomplir tous les travaux se rapportant à la culture
des 10 à 12 hectares qu'il doit ensemencer tous les ans, et
l'agriculteur ne doit avoir recours à la main-d'œuvre étran-
gère qu'au moment de la moisson. En dehors de ces travaux, le maître ne peut rien exiger de lui sans rémunération ; il ne peut pas lui imposer de construire un mur,
de creuser un fossé, de garder son troupeau ; il ne peut
lui imposer la garde de son cheval et de sa mule que du-

rant le printemps, au moment où l'on met ces animaux au vert.

Le partage des produits a lieu de la manière suivante : le cinquième appartient au khammès et les quatre cinquièmes au propriétaire. En fait, le khammès ne touche pas sa part, il la vend à son maître, qui porte à l'actif de son compte le produit de cette vente. Chaque année, une fois le dépiquage terminé, les deux parties ont la faculté de se séparer. Le maître peut céder son serviteur à un autre agriculteur agréé par le khammès ; le serviteur lui-même peut chercher un autre maître qui remboursera toutes les sommes qu'il doit et dont il deviendra le khammès. S'il ne peut pas trouver un autre maître ou une caution agréée par l'agriculteur, il est tenu de continuer son métier de khammès tant qu'il en est capable, sinon il est incarcéré. De même, s'il refuse d'exécuter les obligations du contrat, le caïd intervient, prête main-forte au maître et condamne le khammès à la prison. La même pénalité le frappe s'il cherche à s'enfuir.

Le système du khammessa aurait dû aboutir, semble-t-il, à la constitution d'une aristocratie puissante. Il n'en est rien en Tunisie. On cite à peine deux cultivateurs possédant 100 khammès, il y en a une vingtaine qui en possèdent 30 à 40 ; mais le plus grand nombre des agriculteurs ont à peine de 2 à 5 serviteurs liés par ce contrat. Les fellahs libres enrichis par leur travail, les artisans, les petits commerçants, les petits bourgeois de la capitale et de toutes les villes de l'intérieur possèdent presque tous quelques khammès ; il se crée parfois, entre le khammès et son maître des liens d'affection analogues à ceux que l'on constate en France entre métayers et propriétaires. Le khammès, toutes les fois qu'il vient en ville, demeure dans la maison de son maître, il fait partie de sa famille, et le plus souvent, on veille à ce qu'il ait toujours de quoi nourrir les siens. Dans les années mauvaises, le maître emprunte même de l'argent afin de donner du pain à son khammès.

Cette classe de moyens agriculteurs ne retire pas de gros bénéfices de la culture par khammès ; le plus clair de leur profit, c'est le blé nécessaire à la consommation de la famille, mais leurs bénéfices en argent sont peu élevés. Le propriétaire fournit seul la semence, le journalier, la dîme ou achour, l'entretien des instruments de culture. Il ne faut pas oublier que la récolte ne dépasse pas en moyenne un rendement de 5 quintaux métriques à l'hectare. Avec de si maigres récoltes, les dépenses du maître absorbent plus de la moitié du produit ; le khammès en prend un cinquième ; il reste à peine de un cinquième à un cinquième et demi pour rémunérer le capital engagé (bœufs de labour, semence, dette du khammès, etc.) qui est souvent considérable. Qu'un khammès vienne à mourir, que la récolte donne à peine 3 ou 4 quintaux, ce qui arrive une année sur trois, et l'agriculteur est en perte. J'ai examiné les comptes de quelques agriculteurs indigènes ; ils sont tous établis sur les mêmes bases. Le bénéfice n'existe pour eux que si la récolte dépasse 4 quintaux métriques à l'hectare. Autrefois, quand les terres n'étaient pas épuisées, cette classe vivait dans l'aisance et même s'enrichissait.

Un grand nombre de khammès ne désirent pas leur affranchissement, ils vivent dans l'insouciance du lendemain et cette vie peu pénible, où le travail n'est dur que pendant quatre à cinq mois de l'année, n'est pas faite pour leur déplaire. Le plus grand nombre cependant désirent vivement leur libération. On les voit, autour des fermes françaises,

demandant avec instance au Roumi qu'il veuille bien les
affranchir et les prendre à son service ; de janvier à avril ils
travaillent chez l'Européen comme journaliers, ils labou-
rent et piochent sa vigne, ils ramassent ses fourrages. Ce
travail supplémentaire, bien rétribué, prépare leur libération.
Un de ces khammès affranchis me conduisit un jour dans
son gourbi ; là, il versa devant moi une goula de blé. « Ce
blé, me dit-il avec fierté, c'est celui que j'ai récolté la dernière année de mon khammessa et je le garde précieusement
en souvenir de ma liberté recouvrée. »

Le nombre plus ou moins grand des khammès, le montant plus ou moins élevé de leurs dettes sont l'indice le
plus sûr, dans telle région déterminée, de la prospérité ou
de la décadence de l'agriculture. Au lendemain des mauvaises années, leur nombre augmente, car le khammessa
est l'unique ressource des colons indigènes ruinés par la
sécheresse ou par l'imprévoyance ; la dette des khammès
s'enfle démesurément, leur part dans la récolte ne suffisant
plus à assurer leur existence. Qu'une série de bonnes récoltes survienne, le nombre des khammès diminue, ils rem-
boursent leur dette ; plusieurs deviennent colons libres et
cultivent pour leur propre compte. Sous le règne prospère
de Mohammed-Bey (1855 à 1859), l'historien arabe Mo-
hammed-Beriam nous montre cet affranchissement général
des khammès ; les agriculteurs n'en trouvaient plus, les
hommes libres exigeaient une avance de 1,000 à 1,500
piastres (600 à 900 fr.) pour s'engager par un contrat de
khammessa ; en temps normal, cette avance ne dépasse pas
100 à 150 fr. Dans les régions où l'on cultive l'olivier, les
khammès sont peu nombreux ; ils sont inconnus de Bizerte
à Porto-Farina et très rares au Sahel. C'est que les nombreux
travaux exigés, de janvier à avril, par la culture des olivettes

permettent au khammès de s'affranchir rapidement. Autour des villes, autour de Tunis surtout, le nombre des colons libres égale celui des khammès ; au contraire, dans la région située entre Béja et Mateur, les huit dixièmes des cultivateurs sont khammès.

Ce contrat de culture, qui s'adaptait à merveille autrefois aux conditions économiques et sociales, ne peut plus se maintenir de nos jours. Jadis on pouvait laisser la terre se reposer deux ou trois ans ; aujourd'hui la création des routes et des chemins de fer, l'arrivée des Européens ont augmenté la valeur du sol et sollicité la production. On ensemence la terre tous les ans et la rémunération du khammès devient insuffisante. Le khammès travaille peu, ses labours sont peu profonds, les mauvaises herbes envahissent son champ au printemps. Il faut chercher un contrat plus avantageux aux deux parties, incitant le khammès au travail par une part plus grande dans le produit et augmentant les bénéfices du cultivateur. Il est indispensable d'amener l'indigène à la culture fourragère, de l'encourager à créer des abris pour ses animaux. Mais il serait très dangereux de supprimer brusquement le contrat de khammessa comme on l'a fait en Algérie et de lui enlever la force de l'autorité sous prétexte qu'il est contraire aux principes de notre droit civil.

Actuellement, le khammès est incarcéré s'il ne travaille pas ou s'il ne remplit pas les obligations de son contrat. Bien plus, le caïd peut obliger tout indigène sans ressources ou incapable d'exercer un autre métier à s'engager comme khammès ; en fait, il use rarement de ce droit. Tout khammès qui quitte son maître sans lui avoir remboursé sa dette est condamné à la prison, aussi le maître n'hésite pas à faire des avances à son khammès. En Algérie, au contraire, la loi ne reconnait pas le lien personnel créé par la dette entre le khammès et son maitre. Celui-ci ne peut pas obliger un khammès récalcitrant à observer son contrat ; il ne peut que l'assigner devant le juge pour se faire rembourser. Ce recours est illusoire vis-à-vis d'un homme sans ressources ; aussi le maitre ne veut plus faire des avances qu'il peut perdre. Cette application malheureuse de notre droit civil a contribué à jeter sur les routes des gens affamés, et on a vu recourir au Code encore plus barbare de l'indigénat, qui soumet les indigènes à des vexations continuelles et à une surveillance inefficace.

Cette forme de contrat disparaîtra peu à peu, quand nous aurons amené les indigènes à suivre un mode de culture plus rémunérateur que celui qu'ils pratiquent. Alors les cultivateurs ne voudront plus s'engager comme khammès et les agriculteurs devront leur accorder des conditions plus équitables. Créons en même temps des institutions de prévoyance appropriées aux mœurs des indigènes, telles que caisses de prêts et secours, caisses de chômage et de retraite, et, dans un demi-siècle, le contrat de khammessa, tel qu'il existe aujourd'hui, ne se pratiquera plus en Tunisie.

CONTRATS AYANT POUR OBJET LE BÉTAIL

Les contrats avec les bergers offrent le même caractère ; le berger est, le plus souvent, obligé envers son maître par une dette. Il est rare en effet qu'un indigène engage un berger pour ses troupeaux sans lui faire une avance de fonds plus ou moins importante.

L'agriculteur indigène ne se livre pas en grand à l'élevage des bêtes à cornes ; tous possèdent quelques vaches dont ils élèvent les produits, mais on trouve rarement des cultivateurs indigènes possédant 100 bovidés. Toutes les bêtes du douar sont gardées par un seul berger qui, chaque matin, les réunit : le soir il les rend à leurs propriétaires respectifs. La rémunération la plus commune est de 1 fr. 80 c. à 2 fr. 50 c. par tête et par an. Comme les animaux paissent dans les terres environnant le douar et reviennent tous les soirs auprès de leur maître, ils sont placés sous sa surveillance continuelle. Aussi aucun intérêt, aucune participation n'est accordée au berger.

Dans les contrats ayant pour objet la garde des moutons, le gardien a une rémunération fixe très faible, qui lui permet à peine de vivre. En revanche, il a droit à une part déterminée dans le croît du troupeau. Les moutons, en effet, ne sont pas placés sous la surveillance continuelle de leur propriétaire ; l'hiver, ils parcourent les vastes plaines couvertes d'herbes qui s'étendent de Kairouan à Sfax et à Gafsa ; l'été, ils remontent vers le nord pour y paître les herbes sèches et les chaumes des céréales. Beaucoup de riches indigènes possèdent de grands troupeaux de moutons, qu'ils confient à plusieurs bergers surveillés par un ouakaf ou gérant. En général, le berger reçoit tous les ans 100 litres de blé, 600 litres d'orge, une somme de 20 à 30 fr. comme rémunération fixe. Mais il a droit à 10 p. 100 des naissances. Ce système l'intéresse à la bonne tenue du troupeau. La plupart laissent leurs animaux dans le troupeau, et ils deviennent de véritables associés.

Le contrat de cheptel est très souvent pratiqué par les indigènes. Le bailleur fournit une vache, le preneur s'engage à la soigner, à la faire paître ; on en partagera les produits. Pour éviter toute discussion, le preneur remettra tous les ans une quantité déterminée de beurre salé. La plupart des agriculteurs améliorent ainsi le sort de leurs khammès ; ceux-ci convoitent avec une véritable passion la possession d'une vache, surtout au printemps. Le lait est à ce moment la base principale de l'alimentation du propriétaire indigène. Autour des villes, les artisans, les petits bourgeois ont recours à ce contrat pour se procurer à peu de frais leur provision de beurre frais ou salé.

Rien ne s'oppose à ce que le preneur s'engage à cultiver un peu de fourrage pour les animaux qu'on lui confie. Que cette stipulation entre dans les habitudes de l'indigène, et le contrat de cheptel deviendra l'instrument le plus efficace pour amener la transformation de l'agriculture indigène.

CONTRAT DE COMPLANT OU DE MRHARÇA

Dans toutes les régions couvertes d'oliviers, le khammessa a presque complètement disparu ; c'est le contrat de complant qui a pris sa place. La forêt d'oliviers de la Tunisie s'est formée grâce au mrharça ; on aurait de la peine à trouver une œuvre de plantation aussi belle dans un autre pays musulman. En Algérie, il y a seulement trois millions de pieds d'olivier ; la Tunisie, où la population est trois fois et demi moins importante, en possède dix millions de pieds. Cette culture, beaucoup moins sensible que la céréale aux effets nuisibles de la sécheresse, assure une richesse relative à l'indigène tunisien. Aussi est-il intéressant d'étudier le contrat de mrharça, à l'aide duquel cette belle forêt s'est constituée.

Le propriétaire fournit une terre nue à un cultivateur, qui s'engage à la complanter d'arbres ; au bout d'un certain temps, une partie du sol complanté reviendra en pleine propriété à l'ouvrier, le reste appartiendra toujours au propriétaire, tel est le contrat de mhrarça.

Les jurisconsultes musulmans ont déterminé les conditions essentielles de ce contrat ; elles sont au nombre de trois. Il faut indiquer la profondeur du défoncement du sol ; la terre ne doit pas contenir une trop grande quantité de broussailles telles que palmier nain, jujubier sauvage ; les délais du contrat fixés par les contractants doivent permettre aux arbres d'atteindre l'âge de production. Ce sont là les conditions essentielles du contrat ; mais, pourvu qu'on les respecte et que le propriétaire remette le sol au mrharci, on peut introduire dans le contrat les modalités les plus variées.

Ainsi, à l'expiration des délais fixés, la part de l'ouvrier dans la propriété du sol qu'il a complanté peut être égale, inférieure ou supérieure à la moitié ; l'époque où le contrat prend fin peut varier suivant la nature de la plantation ; les avances à faire au mrharci sont plus ou moins importantes.

Le mrharça s'applique à des plantations de cactus, de figuiers, d'orangers, de grenadiers, mais, en Tunisie, il a eu surtout pour objet des plantations d'oliviers. La création d'une olivette est une opération à long terme ; l'olivier ne rapporte un revenu sérieux que dix à douze ans après la plantation ; le propriétaire fournit le sol, le mrharci son travail et, le jour où la plantation est un rendement, la moitié du sol revient en pleine propriété à l'ouvrier, l'autre moitié reste au propriétaire. Dans le nord, le mrharci peut vivre en attendant la production des oliviers, grâce aux cultures intercalaires d'orge, de fèves et de blé, auxquelles il peut se livrer tant que les oliviers sont jeunes. Dans le sud, les récoltes d'orge et de fèves sont très aléatoires et le mrharci vit surtout avec les avances que lui fait le propriétaire. A l'expiration du contrat, le mrharci doit rembourser sa dette ; s'il n'a pas été économe, il perd ainsi une partie du sol qui lui revient.

Tel est le contrat à l'aide duquel s'est constituée la plus grande partie de la forêt d'oliviers de Tunisie. Dans le Sahel, les plantations ont été faites durant le XVIIIe siècle et surtout sous le règne d'Ali-Bey (1759-1782) : une sécurité relative régnait dans le pays et tous les cultivateurs, grands ou petits, plantaient à l'envi. Aujourd'hui les contrats de mrharça sont de moins en moins fréquents dans tout le Sahel. A Sfax, au contraire, les plantations sont récentes, la plupart datent des trente dernières années ; les terres sialines situées autour de Sfax se couvrent à cette heure de belles olivettes avec une rapidité extraordinaire. Déjà, 80,000 hectares ont été concédés à des personnes qui se sont engagées à les couvrir d'arbres. Les Européens eux-mêmes ont pris part à ce mouvement et quelques-uns ont traité avec les cultivateurs indigènes sur les bases du contrat de mrharça. Dans le nord de la Tunisie, les contrats de mrharça sont très rares, car depuis plusieurs siècles on n'y crée presque plus de plantations d'oliviers ; la plupart des arbres sont âgés de deux cents à trois cents ans. Quelle est la cause de cet arrêt ? C'est que les cultivateurs retiraient des céréales un revenu très élevé qui les dispensait d'avoir recours à une autre culture. Dans le sud, au contraire, la culture des céréales est très aléatoire ; à Kairouan on compte une bonne année sur trois, à Sfax une sur cinq : la terre nue ayant une valeur locative très faible, le propriétaire pouvait la livrer à un mrharci et renoncer à son produit pendant huit à dix ans ; le cultivateur, que les mauvaises années réduisaient à la misère, portait son attention sur une culture moins sensible aux effets de la sécheresse et il était amené à planter des oliviers, car c'était le seul arbre dont le produit avait un débouché assuré dans le pays.

En résumé, deux contrats de culture règlent les rapports

du propriétaire ou du maître avec ses travailleurs ; chacun d'eux domine dans une région bien distincte. Au nord, partout où la culture des céréales est rémunératrice, c'est le contrat du khammessa ; au sud, où la céréale donne des récoltes médiocres, c'est le contrat de mrharça ou d'exploitation des arbres à mi-fruits. Le khammessa semble appelé à céder peu à peu la place à un colonat partiaire plus équitable ; il ne convient plus aux formes nouvelles que l'agriculture tunisienne doit revêtir, si nous voulons assurer l'aisance aux indigènes et la sécurité aux colons européens. Nous devons, au contraire, conserver avec soin le contrat de mrharça ; il est appelé à jouer le plus grand rôle dans la mise en valeur de la Tunisie centrale, où l'arbuste seul peut donner des produits rémunérateurs sur une étendue de cinq à six millions d'hectares.

Nancy, imp. Berger-Levrault et Cⁱᵉ.

NANCY, IMPRIMERIE BERGER-LEVRAULT ET Cie.